INSTRUCTION

Que le Roi a fait expédier aux Inspecteurs généraux de sa Cavalerie.

Du 1.er Avril 1769.

DE PAR LE ROI.

 A MAJESTÉ voulant qu'il soit procédé à la revue de ses Troupes, son intention est que les Inspecteurs qui en seront chargés cette année, se conforment, avec la plus grande exactitude, à l'Instruction qu'Elle a fait expédier à cet effet.

ARTICLE PREMIER.

LES Inspecteurs ne feront qu'une revue :

Sa Majesté considérant que l'éloignement des Troupes que quelques-uns d'eux sont chargés d'inspecter, ne pourra pas leur permettre d'en voir la totalité dans le courant du mois de Septembre, Elle les autorise à procéder à leurs revues lorsqu'ils le jugeront convenable, soit en Juin, Juillet, Août ou Septembre, temps réglé pour leur service :

mais Sa Majefté defirant de connoître la fituation de fes Troupes, telle qu'elle fera au 1.er Septembre prochain; & ne pouvant en être exactement informée que par les Infpecteurs, Elle entend que quoique leurs revues aient été faites antérieurement à cette époque, elles ne foient fermées qu'audit jour 1.er Septembre : Veut à cet effet Sa Majefté qu'il foit ordonné par eux aux Majors defdites Troupes, de leur adreffer des états qui puiffent leur faire connoître le *deficit* qui fera arrivé depuis la revue qu'ils en auront faite, & les mettre en état d'étendre leur travail jufqu'audit jour 1.er Septembre ; ces états feront fignés du Commandant du Corps & du Major.

On entre dans le détail de ce que les Infpecteurs auront à faire, & des comptes qu'ils auront à rendre.

2.

LA Maffe établie pour les recrues par l'Ordonnance du 1.er janvier 1768, a été approuvée de tous les Corps; elle leur préfente en effet toutes fortes de moyens pour compofer les régimens d'hommes en état de fervir, & fur la fidélité defquels on puiffe compter : Mais il eft bien important qu'il foit fait de cette Maffe l'emploi utile que Sa Majefté s'en eft promis, & les Infpecteurs donneront la plus grande attention à l'examen des dépenfes qui feront faites dans cette partie, en obligeant les États-majors des Corps, à fe conformer avec exactitude à ce qui eft prefcrit par l'Ordonnance de ladite Maffe, & par l'Inftruction du 30 avril de l'année dernière; ils tiendront auffi la main à l'exécution de ce qui a été ordonné, tant pour le prix de l'engagement que pour le *pour-boire*, & ils n'alloueront aucune dépenfe excédant les trente livres qui ont été réglées pour chacun de ces deux objets.

3.

SA MAJESTÉ avoit fenti l'année dernière l'importance dont il étoit de fe mettre en état de pouvoir fecourir les Corps qui auroient des difficultés à fe compléter, ou éprouveroient des pertes confidérables, foit par mort, défertion ou autrement : ces motifs l'avoient déterminée à former quatre dépôts qui font établis dans les villes de Saint-Denys, Lyon, Touloufe & Tours, & où font affemblées les recrues qui font faites par les foins du fieur Agobert. Ceux des régimens qui auront befoin de ce fecours, s'adrefferont au Secrétaire d'État ayant le département de la guerre, qui jugera du nombre d'hommes qui pourra leur être accordé; mais Sa Majefté entend en même temps que l'on n'ait recours à cette voie que dans le cas de perte extraordinaire, voulant que les États-majors des Corps, ainfi que les Officiers de femeftre, ne perdent point de vue l'obligation où ils font de fe compléter par eux-mêmes.

4.

C'est dans l'objet de multiplier les moyens qui peuvent concourir au fuccès des recrues, qu'il vient d'être permis de nouveau aux Commandans des Corps, de détacher un Officier & quelques bas Officiers, pour être employés au travail des recrues pendant l'été; il fera accordé, ainfi que l'année dernière, fur la Maffe des recrues, un fupplément d'appointement de trente livres par mois, à chacun des Officiers-recruteurs, & un fupplément de paye de quinze fous par jour aux bas Officiers, pendant le temps qu'ils feront employés; pareille fomme de quinze fous par jour, fera comptée aux hommes de recrue pour leur nourriture. Ce traitement aura lieu dans tout le royaume, à l'exception des villes de Paris & de Lyon, où les Officiers auront trente-fept livres dix fous par mois; le fupplément de paye des bas Officiers employés dans ces deux villes, fera de vingt fous par jour, ainfi que la nourriture des recrues.

5.

Ces différens établiffemens qui tendent tous à affurer le travail des recrues, doivent engager les Infpecteurs à vifiter dans le plus grand détail, les hommes qui ont été faits depuis la revue dernière, foit par l'État-major, foit par les Officiers de femeftre; ils feront fortir du rang ceux qui ne feront pas propres à fervir, & ils les feront congédier fur le champ; ceux qui auront été faits par l'État-major, & qui feront réformés, ne feront point remboursés : quant à ceux qui auront été amenés aux Corps par les Officiers de femeftre, il fera ordonné une retenue de cent livres, qui fera fupportée par les Officiers qui les auront faits, ils ne recevront au furplus aucun rembourfement pour la dépenfe qu'ils auront faite relativement à l'homme congédié.

6.

LES Infpecteurs ayant fait la revue de ces hommes de recrue, ils leur feront prêter ferment, conformément à ce qui eft prefcrit par les Ordonnances de Sa Majefté.

7.

IL fera rendu compte de ceux des régimens qui n'auront pas rempli le nombre d'hommes qu'ils ont été chargés de faire pour fe compléter.

8.

L'EXAMEN des hommes de recrue étant fait, les Infpecteurs pafferont à celui des anciens Cavaliers que leurs infirmités mettróient abfolument hors d'état de pouvoir continuer leurs fervices, ils feront délivrer des congés abfolus à ceux qui fe trouveront dans ce cas-là : l'article 34 de l'Ordonnance du 1.er janvier 1768, prefcrit que ces congés ne feront délivrés que lors de la revue qui fera faite en Septembre; mais fi les Infpecteurs y procèdent avant cette époque, & fi la fituation de ces hommes infirmes ne peut leur permettre de faire aucun fervice, Sa Majefté les autorife à les leur faire délivrer auffitôt après leur revue, fans en remettre l'expédition audit mois de Septembre.

9.

LA facilité avec laquelle on s'eft porté depuis la paix, à propofer un nombre trop confidérable d'hommes pour les Invalides, a caufé à cet Hôtel une furcharge en tout genre, qu'il ne pouvoit fupporter plus long temps, c'eft ce qui a réduit Sa Majefté à la néceffité de n'y admettre cette année que très-peu de fujets, & Elle fera obligée d'en agir ainfi par la fuite, fi les Infpecteurs ne font pas plus réfervés qu'ils ne l'ont été dans ces fortes de propofitions. Il eft donc très-important qu'ils fe conforment avec exactitude à ce qui eft prefcrit par l'article 10 de l'Inftruction du 1.er mai dernier; Sa Majefté eft dans les mêmes principes à cet égard, & fon intention eft toujours que ceux qui feront eftropiés à fon fervice, continuent d'être reçus audit Hôtel: Elle veut auffi que ceux qui auront continué de fervir vingt-quatre ans dans le même régiment, y foient admis; mais Elle entend en même temps, que ceux qui auront paffé d'un régiment dans un autre, devront avoir trente ans de fervice pour y être reçus, s'il n'y a point une interruption de fix mois entre leurs différens engagemens : cette explication de la volonté de Sa Majefté, doit fervir de règle aux propofitions qui feront faites pour ces fortes de grâces; lefquelles propofitions n'auront lieu que lors du travail des Infpecteurs avec le Secrétaire d'État ayant le département de la guerre. Il fera joint aux états de propofitions, deux certificats, l'un figné par le Commandant & le Major du Corps, contenant le fervice des propofés, & l'autre par le Chirurgien; il fera marqué dans ce premier certificat fi ces hommes fe font rengagés depuis la nouvelle compofition. Ces deux certificats feront au furplus accompagnés du congé abfolu de l'homme propofé, & l'on prévient les Infpecteurs que ces trois pièces font abfolument indifpenfables.

10.

IL fera fait mention de ceux des hommes qui préféreront de fe rendre chez eux pour y jouir de la folde réglée par l'Ordonnance du 26 février 1764, concernant les Invalides, fur le pied de quatre fous pour les Fourriers & Maréchaux-des-logis, & de trois fous pour les autres bas Officiers, Cavaliers, Huffards & Dragons. Sa Majefté les difpenfera de fe rendre à l'Hôtel pour s'y faire recevoir, en vertu du certificat qui leur fera expédié par le Gouverneur dudit Hôtel; il fera fait mention de même de ceux qui defireront de fervir dans les compagnies détachées. C'eft, au furplus,

pour mettre les Inſpecteurs en état de travailler uniformé-
ment ſur cet objet, que l'on joint à la préſente Inſtruction,
un modèle de l'état qu'ils auront à ſuivre. Ils marqueront
l'endroit d'où devront partir les routes qu'il ſera néceſſaire
d'expédier.pour ceux qui ſeroient abſens du régiment; ils
feront connoître auſſi ſi parmi ceux qui feront admis à l'Hôtel,
il s'en trouvera qui aient beſoin de voiture pour s'y rendre.

I I.

L ES .Inſpecteurs ayant ſatisfait aux différens éclaircif-
ſemens ci-deſſus demandés, ils ſe feront préſenter les
hommes qui compoſent la troiſième claſſe des congés
d'ancienneté, qui doivent partir cette année. Ils feront
expédier, & ſigneront la cartouche de céux compris dans
cette claſſe, qui ne ſe feront point rengagés; mais elle ne
leur ſera délivrée dans les régimens dont les revues auront
été faites antérieurement au mois de Septembre, qu'à
l'époque du 1.er de ce mois. Il en ſera joint un état à
l'extrait de la revue; & comme il ſera ſurvenu quelques
changemens dans la compoſition de la claſſe à congédier
l'année prochaine, ſoit par mort ou par rengagement,
l'intention de Sa Majeſté eſt qu'il ſoit également joint
audit extrait un état de cette dernière claſſe.

I 2.

APRÈS avoir conſtaté le renvoi de la claſſe d'anciens
congés à partir cette année; ils annonceront aux Troupes,
que Sa Majeſté veut bien accorder une ſolde entière par
régiment de Cavalerie, de Huſſards, de Dragons & de
Troupes-légères; celui qui ſera admis doit avoir au moins
vingt-quatre ans de ſervice, & n'avoir contracté aucun
nouvel engagement depuis la nouvelle compoſition, c'eſt à
quoi les Inſpecteurs doivent donner la plus grande attention; il n'aura la ſolde du grade actuel qu'autant qu'il aura
ſervi dans ce grade pendant huit années; & à ce défaut, il
ne pourra toucher la ſolde que du grade inférieur au ſien.
Pour cet effet, Sa Majeſté veut que dans l'état de ſignalement
qui ſera adreſſé de cet homme, & dont on joint ici un

modèle, il soit fait mention du jour qu'il aura été nommé
à son grade actuel, ce qui doit constater la solde dont il
devra jouir chez lui. Son congé absolu lui sera expédié,
avec un certificat de service, lequel indiquera l'endroit où
il se retirera, & dont il sera fait note au signalement dont
il a été parlé ci-dessus; il sera aussi délivré à cet homme,
avant son départ du Corps, qui n'aura lieu qu'en Septembre,
un habit neuf, une veste neuve & un chapeau neuf, avec
une lettre de l'Inspecteur à l'Intendant de la province dans
laquelle il se retirera, à l'effet de lui recommander de le
faire jouir de sa solde & des mêmes avantages accordés
aux Invalides qui sont retirés dans les provinces.

1 3.

LES Inspecteurs procéderont ensuite au choix qu'ils auront
à faire dans chaque régiment de Cavalerie, de quatre
Cavaliers pour le régiment des Carabiniers, lesquels seront
pris non indistinctement, sur les quatre escadrons, mais à
raison d'un homme par compagnie, suivant l'ancienneté
desdites compagnies, en observant néanmoins de n'en point
tirer de celles qui en auroient fourni l'année précédente;
ils les feront partir pour leur destination, aussitôt après la
revue, sur les routes qui seront jointes à la présente instruction:
Sa Majesté leur recommande au surplus, ainsi qu'aux Commandans des corps, de ne détacher pour ce régiment que
des hommes capables d'en soutenir la distinction; mais Elle
pense en même temps qu'il n'est pas nécessaire qu'ils soient
de la taille de cinq pieds sept à huit pouces, un homme
de cinq pieds cinq pouces, bien constitué, & ayant de la
conduite, devant être propre au service de ce corps: Elle
desire aussi que les Inspecteurs aient attention à ne point
comprendre dans le tirage quelques-uns des sujets qui
annonceroient des talens pour devenir bas Officiers.

1 4.

ILS termineront l'examen des hommes par se faire
présenter ceux qui ont fait la guerre, & ils feront mention
dans l'arrêté de leur revue, du nombre qui se trouvera dans

chaque Corps: Ils informeront en même temps, en général, de l'espèce & de la qualité desdits hommes. Il importe aussi qu'il soit rendu compte de ceux qui se feront rengagés depuis le mois de Septembre dernier, & il en sera joint un état à la revue.

15.

CES opérations étant réglées, les Inspecteurs examineront les contrôles des Majors, à l'effet de vérifier si les Officiers, bas Officiers, Cavaliers, Hussards ou Dragons qui composeront chaque compagnie, y sont inscrits par ordre, & suivant leur ancienneté.

16.

VEUT Sa Majesté, que la distribution des deux sous par lieue, qui doivent être payés aux hommes qui seront congédiés, soit par réforme, soit par ancienneté de service, soit faite à l'ordinaire; ce qui cependant n'aura lieu que dans le cas où le décompte du linge & chaussure que chaque homme doit avoir en Masse, suivant l'Ordonnance du 20 mars 1764, ne suffiroit pas pour le rendre à sa destination.

17.

IL ne sera accordé aucun supplément à ceux qui étant nécessaires à leur famille, obtiendront leur congé absolu. Le nombre de ces congés continuera d'être fixé à cinq hommes par chaque régiment de Cavalerie, de Dragons, de Hussards & de Troupes-légères. Les Inspecteurs, de concert avec les Commandans des Corps, jugeront des raisons de chacun, & décideront de ceux qui devront obtenir cette grâce, en payant le prix réglé par l'article 31 de l'Ordonnance du 1.er janvier 1768. Il en sera envoyé un état au Secrétaire d'État ayant le département de la guerre; ils lui adresseront de même un état de tous ceux qui seront congédiés.

18.

LES Inspecteurs passeront ensuite à l'examen des chevaux, Sa Majesté, en établissant une Masse pour la remonte des

régimens de Cavalerie, Huſſards, Dragons & Troupes-
légères, eſt parvenue à aſſurer à l'avenir le remplacement
des chevaux qui viendront à manquer dans les Corps: c'eſt
auſſi pour mettre cette caiſſe en état de ſatisfaire par la
ſuite à la dépenſe qu'il ſera néceſſaire de faire pour l'achat
deſdits chevaux, qu'il a été affecté des fonds particuliers
pour la fourniture de ceux qui manquoient à la revue dernière dans les régimens de Cavalerie & de Dragons, à raiſon
de quatre cents livres par cheval de Cavalerie, & de trois
cents livres par cheval de Dragons: ce qui n'a point eu lieu
pour les régimens de Huſſards & de Troupes-légères; Sa
Majeſté s'étant réſervé de leur fournir ceux qui manquoient
à l'époque de la dernière revue.

. 1 9 .

ILS rendront compte deſdits chevaux de remplacement,
& vérifieront ſi le nombre ordonné a été acheté, s'ils ſont
d'une bonne tournure, s'ils ont la taille requiſe: en un
mot, s'ils ſont propres au ſervice de la troupe à laquelle
ils ont été deſtinés; ils ſe feront rendre compte de la
recette & de la dépenſe relatives auxdits achats; mais on
les prévient qu'il ne doit être fait aucune mention de l'excédant auquel cette acquiſition pourroit avoir donné lieu;
Sa Majeſté voulant qu'il n'en ſoit accordé aucun au-delà
de la ſomme qui a été comptée pour le prix de chaque
cheval, & qu'il ne ſoit rien pris ſur les fonds de la Maſſe
pour cet objet d'excédant. Ils ne ſauroient trop recommander aux chefs des Corps, de faire prendre le plus grand
ſoin de ces chevaux, & on leur obſerve qu'on ne doit
point exercer cette année ceux qui n'ont pas quatre ans
faits, on les promènera ſeulement; & comme il ne s'en
trouvera pas alors aſſez pour exercer la totalité des Cavaliers,
ceux qui auront de jeunes chevaux monteront ceux de leurs
camarades, autant que faire ſe pourra: on fera au ſurplus
promener la totalité des chevaux, lorſque la rigueur de la
ſaiſon ou le mauvais temps ne permettra pas d'eſcadronner.

2 0 .

LE nombre de ceux qui ont été réformés depuis la

paix a été très-confidérable, & on ne peut fe diffimuler qu'il a encore été trop étendu l'année dernière ; l'intention de Sa Majefté eft qu'il ne foit réformé que ceux qui feront décidés mauvais & hors d'état de foulager les autres pour les exercices : ces chevaux feront vendus fur le champ en préfence d'un Officier-major par les foins du Commiffaire des guerres chargé de la police du régiment, conformément à ce qui eft prefcrit par l'Ordonnance du 1.er décembre dernier. Veut Sa Majefté que cette Ordonnance foit exécutée dans tous les points avec exactitude, & les Infpecteurs y tiendront la main : ils auront auffi attention de joindre au travail de leur revue, un relevé de la fituation où fe fera trouvée au 1.er Mai la caiffe de ladite Maffe.

2 1.

SA MAJESTÉ ayant réglé que les Officiers de Cavalerie, de Huffards, de Dragons & de Troupes-légères, feroient toujours & en tout temps montés fur des chevaux d'efcadron, les Infpecteurs examineront s'ils le font convenablement, ils en joindront un état particulier à leur extrait de revue, & il y fera fait mention de la bonne ou de la mauvaife efpèce des chevaux ; ils entreront auffi dans l'examen de ceux qui font montés par les Porte-étendards & Porte-guidons, pour lefquels il a été fait une maffe particulière dont ils fe feront rendre compte, ainfi que de la manière dont les Officiers de l'État-major, qui ont la permiffion d'en avoir à courte-queue, font montés.

2 2.

SA MAJESTÉ a réglé dès l'année dernière que les chevaux qui feront emmenés par les déferteurs, feront payés par les trois chefs de l'État-major, fur le pied de quatre cents livres pour un cheval de Cavalerie, trois cents livres pour un cheval de Dragons, & deux cents cinquante livres pour un cheval de Huffards & de Troupes-légères ; cette difpofition continuera d'avoir fon exécution, & les fommes qui en proviendront, feront exactement remifes à la caiffe de la Maffe des remontes, & payées par tiers par lefdits Officiers : les Majors répondront de la remife defdites fommes à la caiffe, & les Infpecteurs les chargeront d'inftruire le Secrétaire d'État ayant le département de la guerre, des hommes qui déferteront, diftinguant ceux qui feront partis montés ou non montés.

2 3.

CEUX des chevaux qui feront repris, ne feront pas payés fur le pied ci-deffus réglé, & les États-majors feront feulement affujettis au payement de ce qu'ils auront coûté pour s'en emparer ou pour les racheter.

2 4.

L'EXAMEN des hommes & des chevaux étant fait, les Infpecteurs verront fi les hommes de recrue & les chevaux de remonte ont été diftribués dans les compagnies en proportion de ce qui y manquoit, de manière qu'elles foient à peu-près égales en nombre pour faire le fervice : ils obferveront que les efcouades doivent toujours être égalifées dans chaque compagnie; ils feront procéder au choix des hommes qui devront remplir les places de hautes-payes qui deviendront vacantes par le renvoi des congédiés; mais dans le cas qu'il ne fe trouvât pas de fujets qui y fuffent propres, elles refteront vacantes jufqu'à ce qu'elles puiffent être remplies par des fujets capables. On obferve au furplus que dans les régimens dont les revues feront faites antérieurement à l'époque du 1.er Septembre, ces hautes-payes ne pafferont au grade auquel elles feront deftinées, qu'après le départ des bas Officiers qu'elles remplaceront.

2 5.

LES Infpecteurs ayant procédé à ces différentes opérations, de la manière ci-deffus prefcrite; ils feront en état de conftater leur revue, & d'en former le livret, dont le modèle fera joint à la préfente Inftruction; ils n'y feront mention que des hommes & des chevaux qui compoferont les compagnies de chaque régiment après le renvoi des congédiés & des réformés; & comme les Cavaliers, Dragons & Huffards qui feront dans le cas d'obtenir les Invalides, ne feront pas alors connus, leur fort ne devant être décidé que lors du travail des Infpecteurs avec le Secrétaire d'État de la guerre, ces hommes feront compris dans la revue; ils fuivront donc leurs Corps dans le cas de mouvement. Il en fera de même de ceux qui, étant néceffaires à leur famille, feront admis à fe remplacer, lefquels refteront au Corps jufqu'à ce qu'ils aient dépofé à la caiffe le prix de leur dégagement.

26.

LE livret de revue étant arrêté, c'eft alors que les Infpecteurs fe feront rendre un compte très-particulier des hommes qui auront manqué depuis la dernière revue, par mort, par défertion, ou par des congés accordés à ceux qui auront eu la permiffion de fe remplacer. Il en fera dreffé un état général qui fera joint à l'extrait de revue; cet état comprendra auffi ceux des hommes qui auront été réformés cette année ou auront obtenu des congés d'ancienneté: On obferve qu'il doit être mis au bas de cet état, qui comprendra auffi les chevaux qui auront été réformés ou qui feront morts, une récapitulation qui préfente en total ces différentes mutations.

27.

LES Infpecteurs vifiteront enfuite avec la plus grande attention toutes les parties de l'habillement, de l'équipement & de l'harnachement du cheval; pour cet effet ils fe feront repréfenter les états ou devis des réparations, qui ont été réglées chaque année depuis la nouvelle compofition, afin de connoître le nombre & la qualité des différens objets qui ont dû être remplacés; ils examineront chacune defdites parties, année par année, en les faifant fortir des rangs, afin de s'affurer fi elles exiftent; ils verront s'il n'y a été apporté aucun changement, & fi elles ont été exécutées conformément aux modèles & aux échantillons qui ont été envoyés à chaque Corps; & dans le cas où il fe trouveroit des objets manquant à ce qui auroit dû être remplacé chaque année, ou que quelque régiment ne fe fût pas conformé à ce qui a été preſcrit par le Règlement & l'Inſtruction du 25 avril 1767, il en ſera rendu compte par une feuille particulière jointe à l'extrait de la revue.

28.

LES Inſpecteurs préviendront les Officiers de l'État-major, de former l'état particulier des fournitures relatives à l'habillement dont ils jugeront avoir beſoin pour l'entretien & les réparations journalières; ils examineront ſi les parties demandées ſont abſolument indiſpenſables, & ſi la petite Maſſe affectée à la dépenſe deſdites réparations eſt en état de la ſupporter, afin de préférer ou retarder l'exécution des réparations plus ou moins urgentes, & de proportionner à cet égard la dépenſe aux moyens qui y ſont affectés, & d'empêcher que la petite Maſſe ne ſe trouve obérée; ils certifieront & approuveront ledit état, qu'ils joindront à leurs extraits de revue, pour être l'expédition deſdites fournitures ordonnées des magaſins d'approviſionnement, au cas que les régimens ne ſoient pas à portée de ſe les procurer ſur les lieux de leur emplacement, au même prix & de la même qualité qu'elles ſont faites par la régie de l'habillement. Les Majors ſont prévenus qu'il ne ſera fait droit ſur aucune demande qu'ils feroient des fournitures néceſſaires à leurs réparations journalières, qu'autant que leur mémoire ſera viſé & arrêté par l'Inſpecteur.

29.

PLUSIEURS régimens ayant interprété d'une manière différente la diſpoſition de l'article 4 de l'Ordonnance portant règlement ſur les voitures, du 1.er juillet dernier; & Sa Majeſté voulant expliquer ſes intentions à cet égard, Elle entend que les régimens ſoient tenus de faire mettre en œuvre les fournitures qui leur auront été adreſſées dans les trois mois qui ſuivront leur réception, ou qu'elles ſoient voiturées à la ſuite des Corps qui auroient négligé de les faire employer: Ordonne Sa Majeſté que ſi le nombre de voitures preſcrit n'eſt pas ſuffiſant pour tranſporter leſdites marchandiſes réſervées, concurremment avec les autres bagages ou effets appartenans à Sa Majesté, les Officiers soient tenus de payer le prix d'une voiture qui leur sera seulement accordée pour le transport des marchandises qu'ils auroient négligé de faire employer; la permission de déposer dans le lieu de leur départ les étoffes destinées à leurs réparations, ne devant avoir d'application que dans le cas où le régiment, ayant reçu les étoffes, recevroit, avant la révolution des trois mois qui sont accordés pour les faire mettre en œuvre, des ordres de se mettre en marche pour changer d'emplacement : les Officiers observeront de faire transporter dans tous les cas à la suite des régimens les draps & doublures des couleurs distinctives qui leur sont affectées, les galons & boutons uniformes qui ne pouvant être employés aux réparations des autres régimens, sont propres à chaque Corps & doivent en être inséparables.

30.

LES Inspecteurs examineront ensuite l'armement des Officiers, bas Officiers, Cavaliers, Dragons & Hussards; ils verront s'il est tenu dans la propreté convenable dans toutes ses parties; ils se feront représenter toutes les armes qu'on leur accusera être défectueuses; ils en ordonneront ou la réparation ou la suppression s'il y a lieu, & ils dresseront, pour rendre un compte exact de la situation de l'armement, un état conforme au modèle joint à la présente Instruction.

31.

ON croit devoir les prévenir de nouveau que, depuis qu'il a été donné des ordres pour changer les modèles des armes, la plupart des Commandans des Corps ne cessent de représenter que celles dont les régimens sont actuellement pourvus, sont pour la plupart défectueuses ou hors de service; il convient de leur faire connoître que l'intention du Roi est qu'ils gardent leurs armes jusqu'à ce qu'ils ne puissent plus en faire usage : Veut d'ailleurs Sa Majesté que toutes celles des anciens modèles qui se trouveront encore dans ses magasins, soient employés, & qu'il n'en soit distribué aucunes des nouveaux modèles, tant qu'il y en aura d'anciennes encore en état de servir dans lesdits magasins; c'est ce que les Inspecteurs feront entendre aux régimens.

3 2.

IL a été donné des ordres pour faire distribuer cinquante livres de poudre, & vingt-cinq livres de plomb à chaque escadron de Cavalerie, & trois cents livres de poudre & cent cinquante livres de plomb à chaque régiment de Dragons; les Inspecteurs donneront les ordres les plus précis pour l'emploi utile de ces munitions, afin qu'elles ne soient consommées à d'autres usages que ceux auxquels elles sont destinées; & comme il ne se trouve pas par-tout des emplacemens convenables pour contenir cette quantité de munitions, & souvent davantage, on a chargé les Commandans dans les Places, de veiller à ce que les Troupes n'en prennent qu'à mesure de leurs besoins; les Inspecteurs feront exécuter cet ordre avec la plus grande exactitude.

3 3.

ILS se feront aussi représenter les états de recette & de dépense depuis le mois de Mai dernier; ils s'en feront rendre compte, ainsi que de l'emploi des différentes Masses destinées à l'entretien des Troupes, & ils informeront sommairement & seulement par récapitulation sur chaque objet de comptabilité, le Secrétaire d'État ayant le département de la guerre, de la situation où ces différentes parties se trouveront au 1.er Mai de la présente année, époque à laquelle Sa Majesté entend qu'elles soient arrêtées à l'avenir; ils observeront de tenir la main à ce que les Majors des régimens dressent le relevé du compte de la Masse des recrues, jusqu'audit jour 1.er Mai, dans la forme prescrite par l'Instruction du 30 avril de l'année dernière: ils adresseront ce relevé avec leur extrait de revue, & ils y joindront par un état féparé, celui du compte de la Maffe des remontes. On obferve au furplus qu'il doit être recommandé aux Majors de faire paffer tous les quatre mois, ainfi qu'il a été ordonné, les états détaillés des parties de dépenfe affectées fur chacune des Maffes deftinées à l'entretien du linge & chauffure, & aux réparations journalières.

34.

ILS drefferont, de concert avec les Commandans des Corps, l'état des Cavaliers & des Dragons qui pourront s'abfenter du 15 Octobre au 15 Avril, à raifon d'un homme par efcouade au plus, & d'un Maréchal-des-logis par compagnie; mais l'intention de Sa Majefté eft que parmi ces hommes qui obtiendront des congés de femeftre, il n'y foit compris que deux Brigadiers par compagnie de Cavalerie & de Dragons, ce qui doit de même être exécuté en proportion du petit nombre de cette efpèce de bas Officiers qui exiftent dans les régimens de Huffards & les Troupes-légères, dont la compofition eft différente. Veut auffi Sa Majefté que ces congés ne foient accordés qu'à des hommes bien connus & ayant du bien chez eux: cet objet eft de la plus grande importance, & il fera recommandé aux Commandans & aux Majors des Corps d'y ténir la main; les Infpecteurs leur obferveront auffi que ceux des bas Officiers, Cavaliers & Dragons qui ne feront pas affez inftruits dans les différens exercices pour être de la première claffe, ne participeront point à ces congés.

35.

ILS renouvelleront aux Majors l'obligation où ils font de prévenir les Cavaliers & Dragons, auxquels il fera expédié des congés limités, de la néceffité où ils feront, conformément à l'article 13 de l'Inftruction du 16 août 1766, de faire vifer leur cartouche par les Officiers ou Cavaliers de Maréchauffée, fous peine, contre ceux qui y manqueront, d'être punis de la prifon à leur arrivée au régiment.

36.

LES différentes opérations détaillées dans la préfente Inftruction, conduiront par degré les Infpecteurs à la connoiffance de la tenue & de la difcipline qui s'obfervent dans les Corps; ils porteront une attention très-particulière fur ces deux objets,& ils en rendront un compte très-détaillé.

37.

ILS termineront leur revue par l'exercice & les manœuvres qu'ils feront exécuter aux régimens, & dont ils rendront également compte : Ils font informés que tous les Officiers, depuis le Meftre-de-camp jufqu'au Porte-étendard ou Porte-guidon, font tenus de favoir exécuter généralement tout ce qui a rapport aux différens maniemens des armes & aux manœuvres, tant à pied qu'à cheval, afin de pouvoir les enfeigner à leur troupe : Il importe donc beaucoup qu'ils faffent des examens très-exacts du travail de chaque Officier en particulier; il convient auffi qu'ils faffent donner devant eux des leçons aux Cavaliers; ils examineront au furplus fi l'Ordonnance des exercices & des manœuvres de la Cavalerie, s'exécute avec uniformité & l'exactitude qui a été recommandée; ils porteront également leur attention à faire exécuter avec précifion ce qui a été prefcrit par l'inftruction de l'exercice des Dragons : On les prévient qu'il ne doit être accordé ni femeftre, ni propofé de congé pour ceux des Officiers qui auroient négligé leurs inftructions; les Infpecteurs recommanderont aux Commandans des Corps, de fe conformer à ce qui eft prefcrit à cet égard.

38.

ILS préviendront auffi ces Commandans,que le travail des recrues, qui, conformément à l'Ordonnance du 1.er janvier de l'année dernière, doit fe faire en commun, ne difpenfera pas les Officiers d'en faire par eux-mêmes; & l'intention de Sa Majefté eft qu'aucun Capitaine, Lieutenant ou Sous-lieutenant, ne puiffe profiter du femeftre, qu'à la charge de faire au moins deux hommes de cinq pieds trois pouces six lignes au moins, pieds nus pour la Cavalerie, & de cinq pieds trois pouces pour les Dragons, ainsi qu'il est expliqué par l'article 25 de ladite Ordonnance, & auquel ils se conformeront exactement.

39.

ILS procèderont ensuite à l'examen des mœurs, de la conduite & des talens des Officiers : on joint à cet effet à la présente Instruction, des feuilles d'observation, sur lesquelles il sera fait mention de chaque Officier, lesquelles feuilles seront jointes par un paquet particulier, à l'extrait de revue; Sa-Majesté les dispense d'envoyer des renseignemens sur les bas Officiers en particulier, mais ils en marqueront leur avis en général.

40.

SA MAJESTÉ a lieu d'être satisfaite des comptes avantageux qui ont été rendus de l'application de la plupart des Capitaines & de leur attention à remplir leurs devoirs; mais Elle est instruite qu'il s'en faut bien que la même activité se trouve dans les Lieutenans & Sous-lieutenans, la plus grande partie marquant plus de négligence que de zèle à l'exécution de ce qui leur est prescrit : c'est dans l'objet d'arrêter un abus aussi préjudiciable au service, que Sa Majesté entend que les Inspecteurs, de concert avec les Commandans des Corps, entrent dans le plus grand détail sur la manière de servir de ces Officiers subalternes; & qu'il soit rendu compte de ceux qui par leur inconduite ou défaut d'application, seroient dans le cas d'être réformés; Sa Majesté étant dans l'intention de ne conserver à son service que des Officiers qui servent avec zèle & application.

41.

ELLE permet aux Inspecteurs, de recevoir les Mémoires des grâces, exception faite de ceux qui regardent la Croix de Saint-Louis; ils joindront ces Mémoires à leur extrait de revue, & lorsqu'il en aura été rendu compte à

Sa Majesté, il leur sera fait part de celles qu'Elle aura
bien voulu accorder.

42.

ON termine cette Instruction par recommander aux
Inspecteurs, de constater par un Mémoire particulier, le
résumé de leur travail, dans lequel il sera généralement fait
mention de la tenue, de la discipline, de l'esprit du régiment,
de la qualité des hommes & des chevaux, de ceux qui
seront congédiés, réformés, morts & désertés, de la manière dont le Corps est exercé, ses finances administrées,
& son habillement tenu; ce Mémoire contiendra enfin tout
le détail de l'opération dont Sa Majesté les charge par la
présente Instruction.

FAIT à Versailles le premier avril mil sept cent soixante-
neuf. *Signé* LOUIS. *Et plus bas,* LE DUC DE CHOISEUL.

A PARIS, DE L'IMPRIMERIE ROYALE. 1783.

www.ingramcontent.com/pod-product-compliance
Lightning Source LLC
LaVergne TN
LVHW011501170726
843501LV00009B/3531